DISCOURS

PRONONCÉ A L'OCCASION DU MARIAGE

DE

M. Emmanuel RONIN, enseigne de vaisseau

AVEC

Mlle Anne BERGASSE du PETIT-THOUARS

Le 5 novembre 1884

PAR

LE R. P. VALLÉE

DES FRÈRES PRÊCHEURS

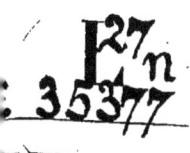

DISCOURS

PRONONCÉ A L'OCCASION DU MARIAGE

DE

M. Emmanuel RONIN, enseigne de vaisseau

AVEC

Mlle Anne BERGASSE du PETIT-THOUARS

Le 5 novembre 1884

PAR

LE R. P. VALLÉE

DES FRÈRES PRÊCHEURS

Monsieur, Mademoiselle,

Que vous dire en ce moment qui réponde à ce que vous attendez de moi ? Vous venez ici, sous le regard de Dieu, entourés de tous ceux que vous aimez, prendre le ciel et la terre à témoin que vous êtes bien l'un à l'autre, et que ce don profond, complet, saint, vous le faites, comme les chrétiens, jusqu'à la mort. Je ne sais rien de plus haut, de plus noble, de plus magnifiquement *humain,* que de se prendre ainsi de part et d'autre en pleine jeunesse, et de pouvoir, en toute sécurité, se dire : « Cet être qui vient à moi, qui va prendre droit sur ma vie, sur mes pensées, mes affections, qui ne peut plus être heureux que par moi, je viens à lui, moi aussi, loyalement, du fond de mon âme. Le temps ni les séparations n'y feront rien. J'ai vu près de moi que les sacrifices faits pour la patrie sont bénis de Dieu et mettent dans les cœurs comme une vertu d'aimer plus pénétrante et plus achevée. Je sais donc ce que je promets; et, fort de la grâce du Christ, qui me gardera comme elle a gardé les miens, oui, j'aimerai jusqu'à la fin. »

Ces pensées jaillissent bien naturellement de vos âmes en ce moment, n'est-ce pas, mes amis? Et cependant, parmi ceux qui sont venus vous apporter le témoignage de leur sympathie, peut-être en est-il que ces audaces chrétiennes étonnent, et qui n'osent plus croire à ces promesses d'immortalité. Sous l'action des nouveaux docteurs qui semblent chaque jour s'emparer davantage de son âme, la France s'est déshabituée de penser haut, et d'achever en Dieu tous ses mouvements. Ne lui parlez plus d'infini, d'éternel. Est-ce que l'infini existe? Est-ce que tout n'est pas mobile et fugitif dans la nature? Est-ce que tout n'est pas caprice au cœur de l'homme? Est-ce que demain nous appartient, et peut-on abdiquer jamais sa liberté?

Messieurs, je suis bien aise de vous faire toucher du doigt les diminutions de choses qui sont en train de se faire parmi nous au souffle de négations trop acclamées. Eh bien, non, la vérité n'est pas là; la vérité n'est pas dans ce provisoire perpétuel que vous imposez à la pensée comme à la volonté de l'homme; la vérité demeure, et fait vivre ceux qui la possèdent. Et vous, ne le sentez-vous pas? vous mourez dans une détresse et des désespérances chaque jour croissantes. Vous avez fait le vide en vous; vous y avez semé la mort; et vous n'avez pas même la ressource de croire à la légitimité de ces destructions intimes. Qu'un de ceux qui ont gardé le feu sacré, qui n'ont voulu rien trahir, qui sont restés ce que Dieu les avait faits, se lève devant vous; que deux enfants, comme aujourd'hui, affirment avec l'accent que vous allez entendre, qu'ils croient l'un à l'autre et qu'ils s'aimeront, comme c'est la loi, jusqu'à la mort; tous vos systèmes croulent, toutes vos jeunesses de cœur se réveillent, et la vérité, pour un instant au moins, ressuscite à vos regards ces grandes choses que vous pouviez vivre, et que vous sentez perdues.

L'union sainte du mariage est donc de soi indissoluble, c'est la loi : loi divine et magnifique, qui a reçu le témoignage du ciel et de la terre. C'est Dieu, au principe, tirant la femme de la poitrine de l'homme afin de mieux affirmer la profondeur de communion qui devait régner entre eux. C'est Adam, au premier éveil de sa conscience, sous les bénédictions divines dont il est comblé, chantant l'hymne que vous savez : « Voici l'os de mes os, et la chair de ma chair. L'homme quittera son père et sa mère. Il demeurera attaché à sa femme ; ils seront deux en un[1]. » C'est Jésus-Christ enfin donnant à cette loi sa consécration suprême, et n'hésitant pas à comparer le contrat saint du mariage à l'union divine créée au Calvaire entre Lui et son Église, union éternelle, contre laquelle ni les siècles ni les puissances de l'enfer ne prévaudront : « Je serai avec vous jusqu'à la consommation des siècles[2]. »

Eh bien, Messieurs, à l'exception de ceux que Jésus-Christ veut à Lui seul, à l'exception des prêtres et des moines, ces privilégiés du cœur du Christ, que la passion des choses divines doit occuper tout entiers, cette loi: si graves que soient les devoirs qu'elle fait peser sur vous, vous devez tous la connaître. Quiconque veut donner sa vraie mesure doit se constituer un foyer. C'est là, et là seulement, que l'homme prend conscience de

---
[1] *Genèse,* ch. II, 23-24.
[2] S. MATTHIEU, ch. XXVIII, 20.

toutes les richesses d'âme et de cœur qui sont en lui, là qu'il connaît des responsabilités et des sacrifices qui le grandissent et achèvent en lui toute perfection. Si quelqu'un s'est dérobé à cette loi, j'ai peur pour lui; j'ai peur que son histoire ne soit celle d'un vaincu. « Il n'est pas bon que l'homme soit seul [1]. » Dieu l'a décrété dès le commencement, Messieurs. Il faut à tout cœur d'homme « *adjutorium simile sibi* [2] ». Il lui faut cette aide, cette compagne dévouée, qui partagera ses joies et consolera ses tristesses. Pour atteindre son plein développement, il lui faut un foyer.

Comment, diront certains, est-ce que nous qui ne connaissons pas les responsabilités du foyer, nous sommes si déshérités que cela? Est-ce que notre âme n'est pas ouverte à tous les souffles généreux et fiers? Est-ce que, par exemple, nous, marins, aux heures

[1] *Genèse*, ch. II, 18.
[2] *Genèse*, ibid.

de péril, nous n'entrons pas tous indistinctement, et avec la même simplicité, dans la tourmente?

Messieurs, s'il s'agissait simplement de mourir pour le pays, nous savons que vous êtes tous prêts, et que, à toute heure, la patrie menacée peut frapper à vos portes. La mort, vous l'avez vue de près si souvent! elle est comme la poésie de ces vastes solitudes de la mer où votre âme s'est trempée d'héroïsme et d'infini. Vous l'aimez comme une source mystérieuse qui ferait plus larges pour vous les portes de la vie. Elle a fait battre vos cœurs si fièrement, si saintement!

Donc, Messieurs, vous sauriez tous mourir. L'honneur, l'esprit de discipline, le sentiment hiérarchique, l'habitude de ne pas compter avec l'obstacle, tout vous y prépare, même à votre insu. Eh bien, direz-vous, cette mort, nous qui n'avons pas de foyer, nous serons plus libres pour l'affronter que ceux des nôtres qui ont femme et enfants. Messieurs, pour des cœurs vulgaires, peut-être auriez-vous raison, je ne veux pas le savoir; pour ceux qui composent la grande famille des marins, je le dis bien haut, vous avez absolument tort.

Ah! je vous l'accorde, il y aura, au premier instant, une angoisse terrible, comme une déchirure au cœur. Mais de cette blessure sacrée, la vie va jaillir plus riche, plus ardente, plus passionnément donnée, car il faut que le devoir, *tout le devoir* soit fait. Pour celui-là, ce n'est pas seulement l'acclamation future d'un peuple, cette chose si vide le lendemain, ce n'est pas non plus cette sainte et sublime abstraction, la patrie sauvée, qui surexcite son âme et le jette à l'action. Pour lui, la patrie s'incarne dans cette femme qu'il aime, et qui a droit de le trouver grand au delà même de ce qu'elle espérait; dans ces chers petits êtres, chair de sa chair, dans l'âme desquels il lui faut, fût-ce au prix de tout son sang, faire pénétrer les sentiments d'honneur, de dévouement, d'héroïsme, qui font les fortes races. C'est l'avenir de ses fils, c'est toute leur vie qui est en jeu. Il ne faut pas que leur patrimoine moral soit amoindri; il faut que leurs voies soient tracées par leur père en pleine lumière, en plein honneur, en pleine gloire.

Croyez-vous, Messieurs, que celui qui trouve dans le souvenir de son foyer de tels secours, quand tous ses amours le jettent ainsi à l'action, croyez-vous qu'il n'entrera pas dans la lutte mieux armé, plus fort que les autres? Ah! ceux-là, Messieurs, ne les plaignez pas trop. Ils sont de ceux dont le mot suprême, même à l'heure où tout paraît sombrer, sachant ce qu'ils laissent de leur âme dans l'âme de leurs fils, est ce mot superbe qu'un des vôtres jetait à la France, il y a quatorze ans, au soir à jamais funèbre de la reddition de Strasbourg : « *Aujourd'hui, comme durant le siége, mettant ma confiance dans le Dieu tout-puissant, j'espère quand même* [1]. »

Et ils ont raison; les fils demain reprendront l'œuvre de salut, et, l'histoire en fait foi, les lendemains appartiennent toujours à ceux qui n'ont pas voulu désespérer.

Donc, même aux heures de péril suprême, le foyer est un secours, une bénédiction de plus sur le cœur des marins. — Et dans le courant habituel des choses, que de paix, que de force morale, que de dignité il met dans leur vie! comme il les sauve des défaillances qui nous sont, hélas! trop habituelles!

Le premier danger pour nous, c'est la paresse de l'esprit. Combien qui ne pensent jamais par eux-mêmes, qui se refusent à connaître les silences, les recueillements féconds de l'esprit, d'où naissent pour nous les solutions larges et vraies! Le chrétien, qui entre à son foyer, conscient de la mission qu'il

[1] *Le Correspondant*, 25 décembre 1871, Siége de Strasbourg.

assume, portant au cœur le mot de saint Paul : « *Caput mulieris vir* », n'acceptera jamais cette trahison de ses devoirs. Il a charge d'âmes. Il lui faut gouverner dans la lumière et la vérité ces chers êtres de son foyer. Tous les hauts problèmes sur Dieu, sur l'âme; toutes les questions vitales agitées dans le milieu social où demain ses fils devront descendre pour y devenir une espérance et une force de plus; toute cette manne divine : la vérité, la science, la foi, tout sera étudié, approfondi par lui. Il est la vigie qui signale l'écueil au milieu des ténèbres, l'éducateur-né qui a mission d'éclairer la route. Ce sont des mots pleins, substantiels, qu'il lui faut laisser tomber sur tous et chacun des siens. Dès lors, ne voyez-vous pas comme sa pensée va rester active, passionnée, avide de ces joies austères, les seules vraies au fond, « *gaudium de veritate*[1] », que la vérité possédée nous fait connaître ?

[1] S. Augustin.

Il ne sera pas moins gardé dans la dignité et la sainteté de sa vie. Ces voies tortueuses, où l'on se ment à soi-même, où l'on ment à tous, son cœur loyal voudra les ignorer. Il aimera sa compagne avec des respects, avec une confiance, avec un dévouement, une sincérité que rien ne pourra mettre en échec. Il lui faudra sans doute discipliner, dompter ses égoïsmes natifs, et tirer de son âme, sous cette discipline incessante, un mot chaque jour plus vivant, plus substantiel, et qui le livre mieux encore à celle qu'il aime; mais, dites-moi, y a-t-il un mouvement plus glorieux pour un cœur d'homme que celui-là ? Et connaissez-vous bonheur pareil en ce monde, à celui qu'on doit goûter à ces foyers bénis, où tout est paix, sincérité, communion des âmes, où l'on songe plus à se donner qu'à prendre à soi, où il y a comme une gratitude immense en tous, et d'autant plus vive que chacun sent qu'il achève toute joie au cœur de l'autre?

Je pourrais vous montrer bien d'autres gloires encore au front de l'homme qui aime son foyer. Pas plus que son cœur, sa volonté n'abdiquera. Fût-ce au prix de sacrifices sanglants, il maintiendra en lui toutes les droitures. Comment voulez-vous qu'il s'expose à rougir devant celle qui le rêve, qui le veut si grand, si au-dessus de toute faiblesse ? Il sera évidemment de ceux qui *gouvernent droit,* et ne fléchissent pas à tout vent.

Il y a plus encore, Messieurs, sous cet amour des siens, une autre flamme s'avive. Ces êtres tant aimés, il faut que Dieu les lui garde. Il prie. Ses pensées deviennent plus hautes, sa volonté plus pure, son cœur plus recueilli, mieux gardé. C'est le saint qui commence à apparaître, le saint qui sait que la bénédiction de Dieu est nécessaire à l'être humain comme l'air à ses poumons, et qui, de loin comme de près, sentant tout son être tressaillir à la pensée des siens, les confie à Dieu avec un élan, une foi splendide qui achèvent en lui l'œuvre de perfection morale qu'il nous faut tous réaliser.

Alors, Messieurs, je peux dire qu'en même temps que le saint, le Français est définitivement formé en cet homme. Partout, toujours, vous le trouverez témoin héroïque de tout ce qui fait battre son cœur, témoin des choses divines autant que des gloires nationales. Devant celui-là, vous n'avez, Monsieur, qu'à interroger celui dont vous allez devenir le fils, les peuples les plus fermés s'inclinent émus, comme l'âme humaine le fera toujours au passage des êtres supérieurs. C'est l'âme de la vieille France qui vibre là; ce sont les *Gesta Dei per Francos* qui continuent à s'écrire; c'est de la gloire nationale qui se prépare. Ah! Messieurs, comprenez-vous pourquoi Dieu a décrété « qu'il n'est pas bon que l'homme soit seul »?

Cette loi, tous deux, vous l'acceptez tout entière, n'est-ce pas?

Vous, Monsieur, vous venez à celle que

vous avez choisie, avec la foi tenace et les fidélités inébranlables de votre race. Croyant comme un Breton, loyal et vaillant comme un marin, vous venez pour vous donner pleinement, sans repentance. Ce que je viens de vous promettre comme le fruit certain du mariage chrétien, vous entendez bien le conquérir.

Et vous, Mademoiselle, qui avez pu pressentir en tout ce que j'ai dit, le rôle magnifique que Dieu vous assigne près de votre mari, vous serez bien l'aide promise par Dieu, n'est-ce pas? Vous serez l'honneur, le soutien, la douce joie de sa vie, vous serez tout cela dans la forme déterminée par Dieu lui-même, dans l'*obéissance* et l'acceptation de cette autorité que Dieu veut trempée d'affection sans doute, mais qui doit être réelle pourtant, et qui sera votre meilleure sauvegarde et le patrimoine privilégié de vos fils.

Vous rencontrant ainsi, le mari dans un don plein, loyal, sans reprise possible, la femme dans une obéissance qui sanctifie son amour, il n'y aura plus un et deux; il n'y aura plus de maître ni d'esclave; il y aura ce qu'Adam prophétisait sur sa race : « Vous serez deux en un. » Oui, l'un divin sera réalisé. C'est la belle et sainte tradition de vos foyers à tous deux. Cette tradition, vous entendez bien la maintenir. Levez-vous donc, et pendant que Dieu vous bénira, que ses anges et ses saints se recueilleront pour entendre vos promesses mutuelles, nous tous, autour de vous, nous aurons l'âme en fête, parce que, à la gloire de Dieu et de vos deux familles, sera constitué parmi nous un foyer chrétien de plus, un foyer où Dieu sera adoré, aimé, la patrie servie, les traditions d'honneur et de dévouement sacrées pour tous, la confiance mutuelle absolue, où la vie entière enfin se déroulera sous la lumière et les bénédictions de Dieu. — *Amen*.

PARIS

TYPOGRAPHIE DE E. PLON, NOURRIT ET Cie,
Rue Garancière, 8.

PARIS
TYPOGRAPHIE E. PLON, NOURRIT ET Cie
Rue Garancière, 8.

www.ingramcontent.com/pod-product-compliance
Lightning Source LLC
Chambersburg PA
CBHW060556050426
42451CB00011B/1935